知的生きかた文庫

「美しく生きる人」一日24時間の時間割

浅野裕子

三笠書房

はじめに

美しく生きることを心がければ、人も、ものも、運さえも引き寄せられる！

いつも前向きで、失敗を幸運に変えられる人。

まわりの人に大切に扱われ、相手に望まれる人。

そして、何ごとにおいてもチャンスに恵まれる人。

そのような女性に共通しているのは、「生き方が美しい」ということです。

「美しさ」とは、目に見えるものばかりではなく、「しぐさ」や「たたずまい」、「生き様《ざま》」から香り立つものです。


私はこれまでにも、たくさんの著書を通して「美しく生きることの大切さ」についてお話をしてきました。

自分自身を愛して日々を楽しむ。何をするにも丁寧に、大切に向き合う。まわりにいる人を大事にする。背筋をピンと伸ばして歩く。そういったことの積み重ねが、その人の人生を形づくっていくからです。

また、本文でもお話ししますが、美しく生きるためには「自分というブランド」を築き上げることが不可欠です。自分というブランドがあれば、ものに頼ったり、人に流されたりすることがなくなり、どんなときも自信を持てるようになります。当然、ストレスとは無縁で、毎日を心から楽しんで過ごすことができます。

本書は、今日という一日を「美しく生きる」というキーワードで見つめ直した「24時間の時間割」です。

自分が本当に心地いいと思える一瞬、一瞬を増やし、一日24時間を美しく生きることが習慣になれば、人生そのものが華やかに輝きはじめます。

すると、あなたのその輝きに、人も、ものも、運さえも惹きつけられて、集まってきます。

さあ、今この瞬間から、自分だけの「美しく生きるための時間割」を実践していきましょう。

それによって、あなたは必ず素敵に変わっていくはずです。

あなたが本物の幸せを手に入れる最初の一歩を、ここから踏み出してください。

Contents

2章 昼の時間――こう考えれば自分に自信がつく

3章 夕方の時間——信頼される人、されない人の分岐点

4章 夜の時間――女の美しさは、夜、つくられる

5章 ひとりの時間――ここで甘やかさない、手を抜かない

6章 自己管理の時間――気持ちを上手に整理する

7章 自分磨きの時間――たたずまいの美しい人は何が違う？

8章

エレガントを育む時間――日々の習慣があなたを変える

1章

朝の時間――いつもうまくいく女性は、「朝」を大切にする

1 朝は必ず「いい気分」で起きる

今朝、あなたはどのような気分で目覚めましたか？

早起きをして、太陽のエネルギーを身体いっぱいに浴びて、一日の活動を爽やかにはじめる――。

早起きの本当の効用を味わうには、目覚めをすがすがしい気分で迎えることが不可欠です。

なぜなら、どんなに早起きをしたところで、前日に夜更かしをして睡眠時間が足りなかったり、質のいい睡眠をとれていなかったりして、目覚めがよくない状態では、早起きの効用を十分に受けとることはできないからです。

爽快な気分で目覚め、余裕を持って出かける準備をした朝。

なかなか起きられず、短い時間で準備をした朝。

その日がどのような一日になるか、あなたも想像できるはずです。

第一、朝ギリギリまで寝ていて慌てて準備をするなど、とても美しいとはいえません。


気持ちよく早起きをして余裕のある時間を過ごすと、何ごともタイミングよく運びます。

それは、前もってきちんと準備をしたからだけではありません。

心と身体が澄《す》みきって、「勘」が冴《さ》えるからでもあるのです。


もしあなたが、忙しい、いつも時間が足りない、と感じているなら、朝の目覚めを意識しましょう。また、いろいろなことがうまくいかない、行き詰まっている、と感じている人も同様です。

物事にはすべて、はじまりがあって終わりがあります。
終わりをよくしたければ、はじまりを変えることです。
まずは「爽やかな朝の目覚め」を心がけてください。

……………

朝、爽快な気分で目覚めるために、前日の夜ベッドに入る前の2時間は、リラックスする時間にしましょう。最低でも食事はすませておくべきです。

……………

2

目覚めたら、まず窓を開ける

朝、目覚めたら、家中の窓を開けて、しっかり風を通しましょう。

そして、朝一番の清澄《せいちょう》な空気を全身で吸収してください。

間違っても、窓も開けないまま出かける準備にとりかかるようなことはしないこと。

朝、出かける前の時間は慌ただしくなりがちですが、それに流されてしまってはいけません。一日のはじまりである大切な朝だからこそ、余裕を持って心地よく過ごしてください。

朝をいいかげんに過ごしている人は、人生をいいかげんに生きているといっても過言ではありません。

朝を心地よく過ごすために、私は夏場なら4時半、冬場でも5時半には起きて、夜が明けてきたと同時に家中の窓を開けてフレッシュな空気を部屋全体に取り入れます。

すると、部屋も心も清らかになり、これからスタートする一日が心豊かなものになる気がするのです。

私も若い頃には、夜更かしをして睡眠不足のまま朝を迎えることがありました。けれどそのような日は、たとえ早起きをしても、一日中調子が出ないのです。

そこであるときから、朝の時間を気持ちよく過ごすことを最優先に考えて生活するようになりました。さらに、近頃は、仕事でも大切なミーティングや重要な決断をしなければならないような事項は、可能な限り朝の時間に持ってくるようにしています。自分の中にピュアで前向きなエネルギーがあふれているので、いい結果を生み出せるのです。

また、朝の新鮮な空気に満たされた空間で、自分のために用意した朝食をゆっくりいただく。そういうゆとりのあるエレガントな時間を持つだけで、物事を前向きに考えられるようになります。

朝には多くのエネルギーとパワーがあふれているからです。

朝は自分の体調と向き合う時間でもあります。朝に自分の心身の状態を把握し、対策を講じられるかどうかで、その日一日のパフォーマンスが変わってきます。

3 朝「楽しいこと」を考えて一日を始める

朝の時間に、ぜひ習慣にしていただきたいことがあります。

それは、毎朝ひとつ、その日の希望となるような、前向きで楽しいことを書き留めること。手帳やノートに実際に書いてもいいですし、心のメモに刻んでおく、というのでもかまいません。

「今日は自分にどんな『いいこと』をしようかな」というくらいの、ささやかなことでいいのです。とにかく楽しみながらやってみてください。


朝に楽しいことや希望になることを思い浮かべると、それがその日を前向きに乗り切るエネルギー源になります。

たとえ思い浮かべた通りにならなかったとしても、朝がくるごとに気持ちをスパッと切りかえて、自分に新たな希望をプレゼントする——この積み重ねが大事なのです。

これを習慣にしていると、普段の気持ちの切りかえがとても上手になるだけでなく、不思議と楽しいことが巡ってくるようになります。

毎朝起きて、「さあ、今日はどんな楽しいことがあるかしら」と思うか、「ああ、また今日も一日がはじまるな……」と思うかでは、人生に差がついて当然です。

人生は一日一日の積み重ね。今日一日の希望が未来の希望につながっています。毎朝ひとつ、自分に希望をプレゼントできるのは、素敵なことだと思いませんか?

4

気持ちをすっきりさせるための「朝の儀式」

どうしても前向きになれない朝は誰にでもあります。

朝から負の感情にとらわれてしまうときは、その人のエネルギーがマイナスに傾いている状態です。そのようなときにエネルギーをプラスに転じるには、**実は身体を動かすのが一番**です。

身体を動かすと、身体の内側から活力があふれてきます。心と身体はつながっているので、身体のパワーが高まれば、自然に気持ちも上向きになります。

また、身体を動かしていると、血液が全身にまわるので、頭で余計なことを考えなくなります。

もちろん本格的な運動をする必要はありません。たとえば、外に出て心地よい風を感じながら散歩をすると、マイナスのエネルギーが風とともに吹き払われていくようで、爽快な気分になれますし、いつもより時間をかけてベッドメイキングやキッチンの掃除を行なうだけでも、効果はあります。

なにより、掃除のような単純な作業に没頭していると、思考回路もシンプルになり、あれこれ難しく考えなくなります。

さらに、身のまわりが清められて居心地がよくなると、部屋の中にも自分自身にも、いいエネルギーがまわりはじめます。

朝目覚めたときにどんな考えが浮かんでくるか。それは、今の自分を知るバロメーターにもなります。やりたいことや楽しいことが浮かんでくるようなら大丈夫。逆に、やらなければいけないことや悩みごとが浮かんでくるようなら、日頃の自分に何か改善すべきところがあるはずです。

5

「自分を引きたたせる服」を選ぶ

自分に似合う清潔なものを身につけ、身ぎれいにしていると、気持ちよく過ごせます。ファッションは、まず自分自身が快適で、その上で、まわりの人が見ても感じのいいものであることが重要です。

身につけるもののひとつで、人に与える印象が違ったり、自分自身のエネルギーが変わったりするのですから、疎《おろそ》かにはできません。見た目のいい人間になるというのは、大人の女性としての最低限のエチケットです。

自分に似合うファッションは、自分の好きなスタイルとは限りません。自分に似合うファッションを探し求め、自分だけのスタイルを見つけること。

そのためには、自分を冷静な目で厳しく見つめることです。鏡に自分を映してみてください。洋服ではなく、それを着ている自分自身が、最高に輝いてエレガントに見えることが一番大切です。

朝、鏡の中の自分と向き合う時間は、あなたをエレガントな大人の女性へと変身させてくれる、魔法の時間なのです。

また、その日の服装を決めるときに重要なのは、迷わずに「今日は、この服にしよう」という自分の感覚です。そのような感覚で選んだ服は、その日のあなたを一番輝かせてくれる服だからです。

外見に自信が持てると、「もっと自分を磨きたい」「人生を楽しみたい」という気持ちが高まり、何ごとにも積極的になります。そこから今日という日をポジティブに生きるパワーが生まれます。

ワードローブ選びのカギを握っているのは、実はクローゼットです。朝、何を着るか迷う人のクローゼットは必ずといっていいほど、服がギュウギュウに詰め込まれ、ごちゃごちゃしています。朝、その日着るべき服にすっと手が届くすっきりとしたクローゼットを目指しましょう。

6

自分の「時間の使い方」を見直す

「忙しい」というのが口癖の人がいます。

けれど、「忙しい」という人ほど「自分の時間」に無頓着なものです。

誰にも平等に与えられた24時間をどれだけ有効に使うか――それにはやはり「朝」の時間がポイントになります。


今は在宅勤務の人も多いと思いますが、出勤する日は、たとえば始業時間が9時ならば、8時に到着するように家を出てみましょう。電車もまだ空《す》いています。本を読んでもいいですし、窓の外を流れる風景に目をやるのでもいいでしょう。朝のすがすがしい時間帯の心と頭はとてもフレッシュですから、素晴らしい発見がいくつもあります。

「自分の時間」を大切にしたいなら、発想を変えてください。

たとえば、人に会うのも夜ではなく、朝、仕事の前に近くのカフェなどで会う約束をしてみるのです。朝の光の中では自然に気持ちもポジティブになるので、会話も前向きで楽しいものになるはずです。

朝の時間を見直すと、一日の効率がよくなるだけでなく、物事に対する「意識」も変わります。朝のエネルギーをぜひ人生に生かしてください。

仕事を始める前に、その日一日仕事をするデスクのまわりや、共用スペースでも気になるところがあれば簡単に掃除します。たとえ誰も見ていなくても、自分自身の心が満足します。

2章

昼の時間——こう考えれば自分に自信がつく

1 「少し離れたところ」からまわりを見る

朝から仕事をしてお昼が近くなると、ふと集中力が切れるときがあります。そんなときはしばし手を休めて、まわりの景色を眺めてみてください。人を見て学ぶ絶好のチャンスです。

しばらく眺めていると、不思議と活気のある場所、なんとなくうまくまわっていない場所が見えてきます。どうしてそのような違いがあるのか、そこで働いている人を観察します。

そして、仕事ができる人はどう仕事をして、どのように動いているかを観察してみてください。それと比較して、自分はどういうポジションにいて、どういう仕事のやり方をして、それが人からどんなふうに見られているのか、自分は何が得意で何が不得意なのか、客観的に考えてみるのです。

仕事に没頭していると、いつのまにか目の前のことしか見えなくなりがちです。ですから、**意識して客観的に眺めてみる時間を持つ**ようにします。すると、自分のこともまわりのこともよく見えてきます。

一生懸命やっているつもりが空回りしてしまっていることに気づいたり、物事をひとつの方向からしか考えていないことに気づいたりと、思わぬ発見があるはずです。

人を通して自分を見る。仕事に行き詰まったときだけでなく、人間関係がうまくいかないようなときもこの方法は有効です。

2 「ランチタイム」をひとりで過ごす効用

ランチタイムは、食事をいただく時間であると同時に、午前と午後の切りかえの時間です。とくに朝から忙しくしていた人にとっては、ひと息ついてエネルギーを充電する大切な時間でもあります。

快適な場所で心地よく過ごして、午後に向かっていいエネルギーを蓄えましょう。そのためには、**できるだけひとりで過ごすこと**をおすすめします。

人と一緒では、なにかと気を遣《つか》って、リラックスできません。

昼休みくらいは群れから離れ、マイペースで過ごす時間が必要です。

そのひとりの時間が、あなたにパワーを与えてくれます。

また、忙しいからといって、お弁当やパンなどを買ってきて、デスクでランチをとる女性がいますが、見ていて美しくありません。

一見、時間を節約しているようですが、気持ちの切りかえがうまくいかず、午後の仕事の能率が下がります。

たとえわずかな時間でも、心地いい場所を見つけて食事をとってください。時間にも、気持ちにも、余裕のあるランチタイムを過ごすことで、午後も集中して仕事に取り組むことができます。

ランチタイムも貴重な自分の時間です。ただ食事をするだけでなく、できるだけリラックスする方法や、心からリフレッシュする方法を考え、自分のために有効活用しましょう。

3

「信頼される人」になるために

いつも女性同士で群れている人は信頼されません。

何かチームで仕事をするようなときはともかく、仕事が終わったら「お疲れさまでした」とサッと切り上げて、ひとりの時間を大切にする――そんな女性になってください。

人から信頼されたい、もっとやりがいのある仕事をまかせられるようになりたいと思うなら、**「ひとりで立てる自分」**になることです。

また、ひとりになれない人は、決して美しくなれません。

なぜなら、自分を客観的に見つめることができないからです。

言葉遣いも雑になったり、話す声も大きくなったりと、エレガンスから大きく遠ざかっていきます。

自分は右に行きたいと思っていても、まわりに合わせて左に行かなくてはいけなかったり、買い物に行っても、「似合う」といわれて買った服が、あとから考えれば本当に欲しいものではなかったと気づいて結局袖を通さなかったり。

そんなことを続けているうちに、自分を見失ってしまうのです。

私も若い頃にはそのような時期がありました。お金や時間をかけた結果、残ったのは、心から自分自身と向き合って得たものだけだったのです。

ひとりで行動することを、寂しいと感じることも確かにあるかもしれません。ですが、この「孤独」に耐える訓練をしてほしいと思います。必ず、自分の内面をワンランクアップさせることにつながるからです。

群れから離れるのが早ければ早いほど、そのぶん自分と向き合う時間が増え、自分だけの価値観・感性が磨かれていきます。
その積み重ねから自信が生まれ、ひいてはまわりからの信頼につながっていくのです。

……　まわりの人の対応を変えたいなら、まず自分自身が変わることです。　……

4

「自分の言葉」で話せる人になる

発言力とは、いいかえれば、自分を表現して売り込むプレゼンテーション能力。自分をうまく語れないようでは、人の心などつかむことはできません。発言力を鍛えるには、人の話を自分自身に置きかえて、「自分ならどう考え、それをどう伝えるか」と考えてみることです。

そのためには、相手をよく観察し、話に耳を傾け、それを分析することが必要です。人の意見のよいところ、悪いところを見極めることで、冷静な判断力が身につきます。

さらに、自分の考えをまとめることで、創造力と論理的思考とを磨くことができます。

これを、人の話を聞くたびにくり返していれば、結論を導き出すスピードも速くなります。

また、話し上手な人をよく観察していると、話の内容がわかりやすいだけでなく、たとえば、間のとり方が絶妙だったり、相手としっかりアイコンタクトをとっていたり、ちょっとしたしぐさや表情から気持ちが伝わってきたりと、会話が言葉だけで成り立っているのではないことに気づかされます。

このように、人の意見を聞き、どう表現するかを学ぶことで、発言力は向上します。自分の言葉で、自信を持って発した意見には、まわりから一目おかれるだけの力があります。

日頃から思考力や観察力を高める訓練をしましょう。街中《まちなか》のカフェで、道行く人を観察しながら、その人が次にとる行動を想像してみる。電車の中で、目の前に座る人の動きを見て、降りる駅を当てるなど、簡単なことで物事の先を読む力を鍛えることができるのです。

5 自分の「心の目の高さ」を意識する

「自分を大きく見せよう」とか「相手を持ち上げてうまく取り入ろう」とか余計なことを考えて「心の目の高さ」を変える人は、美しくありません。

この「心の目の高さ」とは、相手に対する姿勢や態度のことです。

どのような人に対するときでも、今の自分にふさわしい目の高さで接することが大切です。

今の自分にふさわしい目の高さを意識するには、カウンターバーのスツールに、自分が腰かけている姿を想像してみるとわかりやすいと思います。

カウンターの中に立っているバーテンダーの目線と、スツールに腰かけている自分の目線とが、自然に同じ高さになるでしょう。

お互い相手の目をまっすぐに見ながら話すことで、信頼関係は生まれます。

さらに、スツールには背もたれがないので、きちんと座るためには、背筋をまっすぐ伸ばした状態で、適度な緊張感を保っていなくてはいけません。緊張がゆるむと姿勢が崩れてしまいますし、そうかといって、緊張しすぎると疲れて姿勢を長く維持できません。

また、自分を大きく見せようとして背を反らしすぎると、バランスを崩してスツールからすべり落ちてしまいますし、背を丸めて小さくなろうとすると、貧相で疲れたイメージになります。

きちんと姿勢を正し、向かい合う人とまっすぐに目を合わせた姿こそ、あなたをもっとも美しく見せるのです。

今の自分に合った心の目の高さで人と接することを意識すると、自然と行動もエレガントに変わっていきます。

「自分の思いが相手になかなか通じない」と感じるときも、自分の心の目の高さを意識してみましょう。大きく見せようとしていたり、逆に必要以上にへりくだっていたり……。気に入られようとして、つまらない思惑《おもわく》が働いているのではありませんか？

6

相手をよく見る、話をよく聞く

人の心をつかむ会話をするには、相手をよく見て、相手の話をよく聞く必要があります。話が苦手な人は、自分が話すことばかりに気をとられて、このことに気づいていません。

これは相手が目上の人であろうが友人であろうが、また初対面の人であろうが、大切なポイントです。

ただ、こればかりは、どんなにマニュアル本を読んだところで、実際に人の中に出ていかなければ身につくものではありません。会話は相手がいて初めて成り立つものだからです。

あなたは立食パーティーのような人が大勢集まる場に身をおいたことはありますか？

実はこの流動的な空間が**とてもいい会話の勉強の場**になるのです。

上司や知人から立食パーティーなどに誘われる機会があれば、迷わずにお供をしましょう。上司や知人の側についてまわり、挨拶の仕方や話題の提供の仕方などを、間近で学ぶことができます。

ひとりで参加するときなど、自分からなかなか声をかけにくい場合は、隅のほうで人の流れを観察していましょう。

そのうち顔見知りの人々が目にとまり、会話が弾《はず》む場面を見ているうちに隅に立っている自分が居心地悪くなってきます。そうしたら、次は自分からその流れに向かっていきます。

勇気を出して人の輪に近づいたら、しばらくはまわりの人たちの話に耳を傾けているだけでもかまいません。

相手の話をしっかり聞いていると、あなたも話したいことが必ず出てきます。そのタイミングを見てさりげなく発言すれば、そこから自然に輪の中に入ることができ、会話も広がっていくはずです。

話すときには笑顔を忘れずに。たとえ言葉が足りなくても、笑顔にはそれを補う素晴らしい力があるからです。

7 「ほめ上手」は、なぜエレガントに映るのか

人をさりげなくほめることができる人は素敵です。

とくに自分のほうが目下の場合は、相手をほめるのはなかなか難しいものです。

ですから、**「相手が心地よくなる」ようにほめる**ことができる人は、自分もそれだけの器を持っているという証拠でもあります。

ぜひ、人を上手にほめることができる人になりましょう。


たとえば、友人に対しても「今日のネックレスは素敵ね」と伝えるのと、「あなたのファッションセンスはいつも素敵ね」と伝えるのとでは、相手が受ける印象が異なるだけでなく、あなた自身が一段上のレベルになっています。

後者のほめ方は、その日のファッションだけでなく、相手のセンスや人柄までも肯定することになりますから、それだけ深い観察力も必要になるのです。

相手が心地よくなる、そのようなほめ言葉をさらりと伝えられるかどうか。

これもエレガントな女性の条件のひとつです。

相手のいいところに敏感になりましょう。それは幸福な人生を送る秘訣でもあります。

8

「気分転換」がうまいと、いろいろなことがうまくいく

気分転換が上手にできるだけで、人生は何倍もスムーズに進みます。

心と身体の調子の切りかえがすばやくできる人は、何かうまくいかないことがあったときでも、すぐにその流れを断ち切ってプラスに転じることができるからです。

たとえば仕事でミスをしたとき、それをグズグズ考えながら仕事を続けるのではなく、とにかく気持ちを切りかえる。それだけで、その後の仕事がまったく違ってきます。

自分に余裕がなくなってきていると感じたときは、外の空気が吸える場所に行

って深呼吸をしましょう。すると、フレッシュな酸素が身体中に行き渡り、焦る心にスーッと落ち着きを取り戻せます。一瞬でも外の光や風を感じることで気持ちが癒され、自然のエネルギーも取り入れられるのです。

また、ちょっと疲れてきたと感じたときに、「香り」を利用するのもおすすめです。昼間ならオー・ド・トワレのような軽い香りのものを小さな容器に入れておき、気分を変えたいときにワンプッシュ。それだけで、気持ちがシャキッとしてリフレッシュします。

普段から自分なりの気分転換法を見つけておきましょう。

たかが気分転換と侮《あなど》らないでください。この積み重ねが確実にあなたの人生を輝かせていくのです。

気分転換ひとつにも、いつもいきいきと輝く自分でいるために手を抜かない意識の高さは、あなたを真のエレガンスへと導く原動力にもなります。

9 「パワーのある人」と一緒に過ごす

仕事の場においても、一緒にいる人を選ぶべきです。

ここでの判断基準は、その人にパワーがあるかどうか、です。

とくに、仕事が思うようにはかどらないときは、高いパワーを持っている人と一緒にいることが大切です。


仕事が滞《とどこお》るようなときは、自分自身のパワーが落ちています。そういうときに高いパワーの人と一緒に過ごすことで、相手のエネルギーに引き寄せられて、自分の中からもエネルギーが出てくるようになります。

落ち込んでネガティブになっているとき、疲れているときや、運が落ちてきたなと感じるようなときも、パワフルな人と一緒にいるようにしましょう。

気分や運の流れを変えるきっかけをもらうことができます。

また、自分自身が波に乗っていて仕事が驚くほどはかどるときは、自分自身にパワーがあり、いいエネルギーを発しています。

その場合も、自分と同じかそれ以上にパワーのある人と一緒に過ごすことで、お互いのエネルギーが共鳴し、さらにパワーを高め合うことができます。


日頃から、人を見極める目を養いましょう。立ち居振る舞いが美しく、一緒にいると前向きで幸せな気分になれる相手、別れたあとに、「一緒にいられて幸せだったな」「また会いたいな」と感じるような相手なら、間違いありません。

もし、相手が自分よりもかなり上の立場で、気軽に声をかけにくい場合は、「こういう場合はどう思われますか?」と意見を聞いてみたりするなどして、折に触れてアドバイスをもらうようにするといいでしょう。

10
〝休み〟と〝仕事〟のメリハリをつける

仕事中に、エネルギーを補給したくなったり、喉《のど》がかわいたりしたときは、仕事をしながら何かを食べたり飲んだりするのではなく、きちんとコーヒーブレイクをとりましょう。

時間を決めて、そのあいだは潔く仕事から離れてリフレッシュします。

もしオフィスに飲食できるコーナーがあるなら、そこに移動することをおすすめします。わずかな距離でも立ち上がって歩くことで全身が活性化されますし、場所が変わることで気分もリフレッシュするので、一石二鳥です。

席を離れられないときは、小さなチョコレートをひと粒、ほかの人にはわからないようにそっと口に運びます。口の中でチョコレートが溶けていくあいだだけは、仕事の手を休め、上質なチョコレートの味を堪能します。ほんの一瞬でも、極上の甘美な時間が、あなたにエレガントな気分を与えてくれるでしょう。

私自身は、仕事中は一切食べものを口にしません。たとえば、午前中から午後まで続くミーティングがあるようなときでも、ミネラルウオーターやお茶などで喉を潤《うるお》す程度です。そしてすべてが終わってから、きちんとした食事をしっかりいただきます。

仕事をするときは、仕事をする。休むときは、休む。そのメリハリが、人生に弾みを与え、いいエネルギーを循環させてくれます。

仕事も、遊びも、休息も、すべて真剣勝負。

そういう自分に、ぜひなってください。

…………

一瞬一瞬を丁寧に生きる。その積み重ねが、未来の自分につながっていきます。

…………

11

定期的に「自分自身」をチェックする

いつでもエレガントな女性は、定期的に自分自身の内面・外見をメンテナンスしています。

自分をメンテナンスするのに必要なのは、**マネジャーの視点**です。

仕事の質はもちろんですが、デスクワークをしているときに、首がうなだれて背中が丸くなっていないか。取引先との打ち合わせに出るのに、髪型、服装はきちんと整えられているか。上司に対してつい不機嫌な声で返事をしていないか。自分自身が自分のマネジャーになって客観的に見つめ、ことあるごとにチェックをするのです。すると、普段は気づかない自分の姿が見えてきます。

まわりからさまざまなアドバイスをもらえた子どもの頃と違い、大人になると、なかなか厳しく指摘してもらえません。よほど気心の知れた仲ならともかく、「余計なおせっかいをして、嫌われたくない」「他人のことに口出ししたくない」という心理が働くからです。

ですから、自分の欠点や悪いところは、自分で見つけて、直すしかありません。エレガントな自分は、自分自身でつくり上げるしかないのです。そのことをしっかりと認識してください。

自分自身のいいマネジャーになるコツは、つねに厳しい視点を忘れないこと。そして、ときどき自分をいたわる余裕を持つことです。

自分で自分を叱咤激励《しったげきれい》できると、おのずと生活全体が正され、自分を美しく保つことができます。

3章

夕方の時間――信頼される人、されない人の分岐点

1 忙しい人ほど残業はしない

どんなに仕事が忙しくても、それをまわりに気づかせない人はエレガントです。

人の何倍もの仕事をしながら、いつも余裕を持って振る舞う。

そんな女性を目指しましょう。

在宅勤務も多くなり、そのため一日の仕事の区切りがあいまいになってしまう人が多いようです。また仕事が忙しくなると残業をして終わらせようとする人もいるかと思いますが、実はそれによって仕事の質が下がり、逆に忙しくなっていることに気づいてください。

「今日は仕事が忙しいから遅くまで仕事だわ」ではなく、「今日は仕事が忙しいからテンポよく片づけていこう」と考えて仕事に向かうのです。それだけで集中力が増し、仕事がはかどります。

もし、予定通りに進まなかったとしても残業するのではなく、潔く切り上げて、翌日、早くから取りかかるほうが、よほど効率的です。

予定通りに進まないという時点で、能率は落ちているのです。そのまま仕事を続けても結局はかどらず、逆に疲れるだけです。そのような日こそ早めに仕事を切り上げ、リラックスする時間を持つべきです。

私は、自分ひとりでできる仕事は朝に集中させています。

朝のフレッシュなエネルギーの中で仕事をすると、とてもスムーズに作業を進めることができるからです。

試しに一度、夕方5時に仕事を切り上げ、翌日は普段より1時間早く仕事を開始してみてください。

その日は一日を通してテンポよく仕事がまわっていくはずです。
多少のトラブルがあったとしても、心と時間に余裕があるので最善の処置が施《ほどこ》せます。

目の前の仕事に集中して、できる限り時間内に終らせる。
仕事を終えたら、心と身体をゆっくりと休ませる。
その積み重ねがあなたの仕事の能力を伸ばしていくのです。

忙しいときほどダラダラと仕事を続けるのではなく、明日やるべきことを考える余裕を持って仕事を切り上げましょう。

2

仕事は「気持ちよく」締めくくる

その日の仕事を終えたあと、あなたのデスクはどのような状態になっていますか？

やりかけの仕事がそのままデスクの上に残っていたり、引き出しの中がごちゃごちゃのままになっていたりしませんか？

その日一日の区切りをつける意味でも、デスクまわりはきちんと片づけましょう。そのような小さなことでも、やるかやらないかでは大きな差がつきます。

想像してみてください。あなたがいなくなったあとに誰かがあなたのデスクを見たとき、美しく整えられているか、そうでないかで、あなたに対する印象はどう変わるでしょうか。それだけではありません。翌朝、仕事をはじめるときの**自分の気持ちが違うはずです。**

片づけるときは、その日一日頑張って仕事をサポートしてくれた身のまわりのものへの感謝の気持ちを込めましょう。すると、その場にたまった一日の疲れなどのマイナスのエネルギーが取りのぞかれて、フレッシュなプラスのエネルギーを充塡《じゅうてん》できます。


さらに、デスクまわりを片づけたら、簡単にその日を振り返り、心に浮かんだことをメモしてみるのです。

「今日は一日中忙しくて疲れた」

「つまらないミスをしてしまってショックだった」

「仕事の効率が上がるいい方法を見つけた」

など、どんなことでもかまいません。

ひと通り書き出したら、ざっと全体に目を通し、もっとも印象的な気分のよい言葉をひとつだけ選んで、あとはすべて破り捨てます。

大切なのは、**自分にとって心地よく、前向きなもの**を残すことです。不快なことをすべて切り捨てることで、その場で嫌なことをリセットできますし、前向きな言葉や出来事を残すことで、その日の仕事をポジティブな印象で終わらせることができます。

仕事ができる人は、大切なことを瞬時に見抜けます。その日感じたことを書き出して、いらないものを切り捨て、いいことだけを残す習慣は、自分にとって「今何が大事か」ということに気づくトレーニングにもなります。

3 いつでも颯爽と仕事ができる人

前のほうで、「残業はしない」というお話をしました。とはいえ、実際には、どうしても残業を迫られる日もあるでしょう。

一日を通して働いてきて、さらに「もうひと頑張り」が必要なときに大切なのは、気持ちを上手に切りかえることです。

そのためには、数分でもいいので外に出て空を見上げて大きく深呼吸をするとか、身体を伸ばすとかして、自然の空気を取り込むようにします。

それによって心と身体のスイッチを切りかわるからです。

日中から続く忙しさに流されるまま仕事をするのではなく、残業こそ、新たな仕事のスタートと考えて取り組みましょう。

そうすることで、「新しい時間の流れ」をつくり出すことができます。「ここからここまで休む」と自分で時間に区切りをつけた瞬間、時間に追われる立場から、時間をコントロールする立場に変わるのです。


また、自分ひとりの仕事だけでなく、遅い時間の打ち合わせや会議があるときも同様です。

はじまる前にきちんとブレイクタイムをとって、爽やかに臨みましょう。まわりが疲れている時間は逆に自分の見せ場です。

こんな時間に会議をするなんて……と疲れた顔で出席するか、気持ちをスパッと切りかえて前向きな気持ちで出席するかでは、大きな差がつきます。


どんなに忙しいときでも、疲れた顔をせず颯爽《さっそう》と働く姿に、まわりの人は大きな信頼を寄せるはずです。

誰もが疲れている時間に、爽やかに仕事をするには、心にも身体にもエネルギーが必要です。予定外の仕事でも余裕でこなせるよう、普段から自己管理をしっかりしておきましょう。

4

「本当にやりたいこと、心地いいこと」に忠実に

仕事を終えたあとや休日に、オンライン講座を受講したり、学校に通ったりして自分磨きやスキルアップの勉強に励む人がいます。

毎週決められた日、決められた時間に、決まった場所で勉強するのもいいですが、もっと柔軟に人生そのものを楽しみ、学ぶ姿勢があれば、今この瞬間にも自分を向上させることができます。

要はもっと人生を楽しくしようという気持ちがあれば、どんなことからでも学べるということです。

「自分が今、一番心地よくて、楽しめること」を優先していくと、そのときどき

でやるべきことが見えてきます。

忙しいときでも、時間に追われるのではなく、ワクワクしながら時間を追いかけるような気持ちで臨めば、いつのまにか時間の縛りも制限も越えていくような自分になります。

「やらなければいけないからする」という受け身の人生から、「自分から楽しんでする」という前向きな人生へと切りかわるのです。

「今」の心地よさや楽しさは、「心地よく楽しい人生」そのものへとつながっていきます。

「本当に心地いいこと」は、適度な緊張感をもたらしてあなたの背筋を伸ばし、美しさを引き出します。

人生を向上させていくには、型にはまった勉強だけではなく、日常の一つひとつの過程を楽しむゆとりも大切にしましょう。

時間を重ねるごとに、エレガントな女性に近づいていく、そういう自分を誇りに感じながら生きていけたら素敵です。

「自分が心地よくて楽しめること」と「楽《らく》なこと」は違います。その違いを見極めるには、人を通して自分を見ることです。人を通して見た自分が、いきいきと華やかに輝いているか、自信がなさそうに小さくなっているか、その差は大きいものです。

5

人生を丁寧に生きる人はここが違う

自宅で夕食を優雅に楽しむことのできる人は、どんなときでもエレガントさを失わない人といっていいでしょう。疲れて帰ってきてからでも、自分や家族のために食事の用意をしたいと思う人は、人生を丁寧に生きている人だといえます。

もちろん、一からつくらなくてもいいのです。毎日きちんと食事をつくるからエレガント、というわけではありません。

たとえば、近所のスーパーで見つけた新鮮なアスパラガスをサッと茹《ゆ》で、お肉をいためてそこにプチトマトを添えてみる。

これは料理と呼べないくらい簡単なものですが、手の込んだ料理でなくても、まずは**自分や家族のために、おいしいと感じる料理**をつくることができれば、それが最高にエレガントだということです。

また、帰りがけに買ったお総菜を皿に美しく盛りつけ、清潔なクロスをかけたテーブルでディナーを演出する。

あるいは、時間があるときにまとめてつくって冷凍しておいた料理を、電子レンジで温める。自分が手をかけてつくっておいた料理ですから、たとえ「電子レンジでチン！」でも心は豊かになるはずです。

さらに、食事を楽しむために、器《うつわ》や箸、グラス類は質のいいものを揃えておきたいものです。素敵な器に盛りつければ、料理がよりおいしく感じられるだけでなく、食べるときの所作も優雅になり、心まで満たされます。

帰宅後、自宅でゆっくり過ごす時間は、素敵な朝を迎える準備の時間です。
素敵な朝を迎えるために、今日のあなたは何をしますか?

4章

夜の時間——女の美しさは、夜、つくられる

1

寝る前の〝2時間〟を大切にする

夜は爽やかな朝を迎えるための準備の時間――そう考えて、心からリラックスして過ごしたいもの。

とくに、**寝る前の2時間**はとても大切です。

寝る2時間前までに、その日のうちにしておくべきことと明日の準備をすませておきましょう。

ときには夜に外出して気分転換をするのもいいですが、それが続いたりして睡眠不足になってしまうと朝の素晴らしいエネルギーを受けとることができません。

朝から気分がすぐれず、疲れた顔を見せるのはエレガントではありません。いつでも自分が心地よくいるためには、自分を厳しく律することも必要です。その厳しさこそが、真の心地よさにつながります。

寝る前の2時間は、難しいことは考えずにゆったり過ごします。

その日にあった嫌なことやつらかったことが頭に浮かんでくることがあるかもしれませんが、意識して楽しかったことなどを考えるようにして頭から追い払います。

また夜遅く自宅に帰ってから郵便物などを開封したりする人もいると思いますが、私は基本的に朝開くようにしています。メールなども夜の時間には極力見ません。

考えたり活動したりするのは脳がフレッシュに回転する「朝」になってから、と自分にいい聞かせると、それが日常になります。すると、何倍もうまく物事が進むようになるのです。

夜はゆったりと優雅にくつろぐ時間。

その快適な状態のままベッドに入れば、リラックスして眠りにつくことができます。

優雅な朝を迎えるために優雅な夜を過ごす。

それが、明日を美しく生きる自分の原点になるのです。

夜を優雅に過ごせない人は、ストレスがたまっている証拠。自分の生活をもう一度見直す必要があります。

2

バスタイムは「リラックス」を最優先に

バスタイムは、いい眠りにつき、いい朝を迎えるためのひとつの儀式です。

自分自身に対して「今日も一日ありがとう、お疲れさま」という気持ちで、湯船にゆっくりと身を沈め、じんわりと身体が温まってくるのを感じるのは、本当に気持ちのいいもの。その心地よさが、一日の疲れを癒します。

身体が温まると、血行がよくなって新陳代謝が高まります。身体のすみずみまでフレッシュな酸素が運ばれるとともに老廃物が押し流され、全身の細胞が生まれ変わります。

儀式といっても、特別なことは何もしません。身体を洗って清潔にし、湯船にゆっくり身をゆだねるだけ。バスタイムの心地よさをゆったりと堪能すれば、肌は自然に艶々《つやつや》になりますし、身体も引き締まります。

私も数年前までは、バスタイムを「自分を磨くための時間」と決め、半身浴を日課にしていました。2時間ほどの入浴中にパックをしたり、マッサージをしたり、本を読んだり。

余裕のある日は朝と晩の2回、バスタイムをとっていました。

しかし、あるとき、そのようにバスタイムをとっているにもかかわらずリラックスできていない自分に気づいたのです。

リラックスできなければ、どんなにスキンケアやボディケアをしたところで、美しくはなれません。

ですから、バスタイムは、**リラックスして過ごすことを最優先に。**

たっぷりお湯を張ったバスタブに入り、赤ちゃんが羊水の中をふわふわと漂っているようなイメージで、お湯の浮力に身をまかせます。

そして余計なことをすべて頭から追い出し、無の状態になる。

すると、全身から心地よく力が抜け、心身の疲れがじわじわとほぐれて、リフレッシュしていくのを感じます。

最高に幸せな瞬間です。


バスタイムは自分の体型と向き合う時間でもあります。体型を気にしすぎて無理なダイエットに励んでも、本当の美しさにはつながりません。少しくらい欠点と思う部分があっても、自分の姿を見つめて愛しいと思えたときから、あなた本来の魅力が輝きはじめるのです。

3

「丁寧な生活」が美肌をつくる

肌はとても正直です。その人の健康、生活、心をすべて映し出します。

肌を美しくしたいのなら、自分に見合う化粧品を使うことも大切ですが、まず普段の生活を整えることです。そして、いつも微笑《ほほえ》んでいられるような自分でいることです。

また、美肌は良質な睡眠によってつくられます。

肌の調子がよくないと悩んでいるのであれば、夜の過ごし方に原因があるのかもしれません。

良質の睡眠をたっぷりとった朝と睡眠不足の朝では、肌の状態がまったく違うはずです。

睡眠不足でなくても、夜寝る前にいろいろ考えごとをしたりして、頭の中を悩みが駆け巡ったときは翌朝の肌の調子はすぐれないものです。


夜のバスタイムを終えたら、化粧水や美容液を直接手のひらにとり、「今日も一日お疲れさま。明日もよろしくね」と肌に話しかけながら、両手のひらで顔全体を優しく包み込みます。

自分の手が肌に直接触れることで、その日の肌のコンディションもわかりますし、手のひらを通して、エネルギーを送ることもできます。


また、**肌再生のコアタイムは、眠ってから約3時間**といわれています。

このあいだに、肌の細胞を活性化させるホルモンが分泌されるためです。ホルモン分泌には恒常性があるので、毎日、同じ時刻に眠りにつくことで、最大限の美肌効果を得られます。

規則正しい生活を心がけ、とくに寝入ってからの3時間を大切にすることが、美肌のカギを握るのです。

肌はストレスにとても弱いので、一日を通して心地よい生活を送ることも大切です。素肌のきれいな人は、年齢を問わず、規則正しい生活をしています。それが心身のバランスを整え、身体の内側から肌を輝かせ、はつらつとした笑顔につながります。

4
ベッドの中で「考えごと」はしない

眠りにつくときは、意識して何も考えないようにする。これがとても大切です。ほんの少しだけ気になっていたぐらいの小さなことでも、ベッドに入った途端に、急に大きな問題となって頭に浮かんできたりするからです。まして、仕事や人間関係のトラブルなど、気に病《や》むことがあるときなら、なおさらです。

たとえどんな問題であっても、ベッドの中で考えて、いい解決法が浮かぶことはありません。夜の闇の中では、思考がネガティブになりやすいからです。

考えごとは、朝の光の中ですべきです。朝日を浴びていると、自然に気持ちが前向きになり、ポジティブシンキングになります。これも自然のエネルギーの持つ不思議な力のひとつで、理屈ではないのです。

映画『風と共に去りぬ』のラストシーンで、主人公のスカーレットが、失意のどん底にありながらも、

「今は考えつかない。明日考えよう。明日は明日の日が昇る」

などと、希望を見出します。

新たな気持ちで考えれば必ずうまくいくと、前向きに切りかえられる強さが彼女のエネルギーの源です。自分で自分の人生を切り開くには、そういう強さが必要です。

気持ちがざわついて、どうしても眠りにつけないときは、心が疲れているのです。そういうときは自分で自分のことをねぎらったり、ほめたりして、癒す言葉をかけてください。

「今日も本当によく頑張ったわ。ありがとう」

人生のヒント、
社会人の勉強文庫！

知的生きかた文庫

週に一度、
本屋さんに行く人は
必ず何かできる人

三笠書房ホームページ

「私ってえらいわ。最高！」

そのように、心の中でつぶやくだけでもいいのですが、どうせなら声に出してしまいましょう。それを耳にすることで自信が湧き、心にかかっていたもやが消えて軽くなり、ふんわりと優しい気持ちになります。

心が軽くなると、身体も軽くなったように感じます。あらゆる圧力から解き放たれ、まるで宇宙空間に浮いているような感覚になるのです。私はいつも、その感覚のまま、広い宇宙を自由に漂《ただよ》っている自分を想像します。

するといつのまにか、心地よく眠りについています。

眠りに入る前は考えごとをしない。

考えるなら、自分のいいところや宇宙のようなスケールの大きいことを思い浮かべ、自分を心地よくする。

そういう訓練をしてください。

自分のことを慈しみ、優しく愛することは、とても大事です。

その心地よさが、いい眠りを誘い、爽やかな朝の目覚めへとつながります。自分のことを愛して、心地よく生きている人は、余裕があるので、まわりにも優しくなれます。

毎日のいい眠りこそが、美しく生きるパワーの秘訣です。

眠れないときに本を読んだり、スマホを見たりする人もいますが、内容によってはかえって目が冴えてしまいますし、スマホのブルーライトは目にも悪いので、おすすめできません。それよりも、水のせせらぎや、木々の葉のさざめきのような、自然から生まれる心地よい音を流したり、ほのかなアロマの香りで部屋を満たしたりするほうが、気持ちがリラックスして、いい眠りにつながります。

5章

ひとりの時間——

ここで甘やかさない、手を抜かない

1 休日の朝は「いつもより早く」起きる

多くの人は翌日が休みだと、夜、遅くまで外出したり、深夜まで起きて時間を自由に使えると考えたりしがちです。

けれど、これからは逆に考えてください。

休みの前日だからこそ、早くベッドに入り、朝いつもより早く起きるのです。

休日だからといって、昼近くまで寝ているのはエレガントではありません。

「普段の寝不足を休日にゆっくり寝てカバーする」という人がいますが、昼近くまで寝ても睡眠の質がよくないので睡眠不足は解消できません。

夜更かしをして昼近くまで寝るのと、夜早く寝て朝早く起きるのとでは、同じ睡眠時間でも翌日のエネルギーはまったく違ってきます。日頃の睡眠不足は夜早く寝ることで補いましょう。

休日の朝こそいつもより早めに起きて、窓を開けて太陽の光を浴び、部屋の空気を入れかえてください。そして朝のエネルギーを身体のすみずみまで行き渡らせるのです。

すると、身体全体にエネルギーが満ちあふれ、やる気というパワーが出てくるはずです。

それを合図に、ベッドシーツなどのリネン類の洗濯をして、ベッドやその周辺、トイレ、リビングルーム、キッチンやバスルームをいつもより丁寧に掃除します。

休日は次の1週間に向けての英気を養うための日です。まず自分の住まいをきれいにして、いいエネルギーが循環するようにしておくことは、新しい1週間を元気に心地よく過ごすために不可欠です。

気持ちよく早起きして迎えた朝は「神様からの贈り物」です。誰にでも同じように朝はきます。その朝を「神様からの贈り物」にできるかどうかは、自分次第なのです。

2 部屋をすみずみまで磨き上げる

整理整頓された部屋で過ごす時間は、あなたの生活と感性を豊かにしてくれます。休日にどこかに出かけるのもいいですが、まず、自分が今いる空間を美しく整えることが大切です。

掃除も、ただ部屋をきれいにする行為と考えればそれまでです。けれど、空間だけでなく自分の心と身体を美しくする行為と考えれば、「掃除」ひとつでさえも、**あなたの人生を向上させる大切なカギ**となります。

休日には、ぜひそのような意識を持って部屋の掃除をすることをおすすめします。

自分のために一日かけて部屋をきれいに掃除する。余計なものを捨て、汚れを落とし、床や窓をきれいに拭き、磨く。

家の中が整い、輝いていくのを実感すると、気分もよくなり、「もっと頑張ろう」という前向きな気持ちが生まれます。美しく整った部屋でくつろげば達成感と満足感とで、とても幸せな気分になるはずです。


私は家中の鏡をすべて磨き上げるのがとても好きです。

くもりひとつない鏡には、自分の本当の姿や部屋の状態が容赦《ようしゃ》なく映し出され、鏡を見るたびに自分自身を見つめ直すことができます。

すると、「最近忙しすぎたから、肌が疲れているみたい。今夜は美容液をたっぷり肌に与えましょう」とか、鏡に映り込む場所を見て「あの空間が殺風景だからグリーン系のプラントでも置こうかしら」と、そこに映る自分や空間をきれいに保とうという気持ちが自然に芽生えます。


住空間をきれいに磨き上げることは、自分をきれいに磨くことと同じです。

部屋が美しく心地よくなれば、自然に自分を高めることを何かしたくなるものです。
日常の生活は忙しくて当たり前。だからこそ、ぜひ意識してこのような時間を持ってください。それには休日が最適であり、もっとも貴重な時なのです。

住空間が快適になれば、自然と仕事を早く切り上げ、まっすぐ家に帰りたくなるものです。そしてゆったりとした夜を過ごし、気持ちのいい朝を迎える……。いい循環の源です。自分を美しく高めるための行動は、すべてつながっています。

3

心と身体を「しっかり休ませる日」をつくる

ストレスをためないような生活を心がけていても、多忙な日々が続いたりすると、いつのまにか心身の疲れはたまっていきます。

疲れを蓄積させて、体調を大きく崩してしまうことのないよう、こまめにリフレッシュして心身を癒すよう心がけることが大切です。

そのためにも、「自分を休ませる日」を決め、その日は携帯電話の電源もオフにして、あらゆるしがらみや煩《わずら》わしさから、自分自身を完全に切り離し、徹底して自由な状態にします。

朝はいつも通り早起きをします。そして部屋の空気を入れかえたら、好きなことをして過ごします。食事も食べたくないと感じたら、食べなくてもかまいませんし、睡眠をもう少しとりたいと感じたらソファでウトウトとしてもかまいません。

とにかく、自分の心と身体が欲することをしていきます。

そうして一日気の向くままに過ごしたあと、バスタイムをゆっくりとり、「今週はミーティングが多かったから疲れたでしょう。お疲れさま」などと自分に話しかけながら、身体をいたわっていきます。

大人の女性として、ときにはこんな休日を過ごして自分自身のバランスをとる重要性を知っておいてください。

何の予定もなく、何も考えなくていい。

ひとりで気ままにリラックスして過ごす時間は、最高に贅沢だと思いませんか?

このように、自分ひとりで何もしないで過ごす時間にも、自分を磨き、高めていくエッセンスがあるのです。その時間をどれだけ持つことができるかで、美しさやエレガンスに差がつきます。

自分を休ませる日であっても、誰も見ていないからと、だらしない格好で過ごしてはいけません。誰にも見られていないときこそ、「本当の自分」がいるのです。

4

「感性を磨く」休日の過ごし方

休日は、人生を楽しむことを学ぶいいチャンスでもあります。学ぶといっても、大げさに考える必要はありません。何か目的を持って過ごすことで豊かな感性が育まれます。

ワンパターンな日々をくり返していると、生活がマンネリになってしまいます。何かテーマを持ち、充実した時間を過ごすことで、バリエーションに富んだ、豊かな生活を楽しむことができます。

天気がよければ、近くの美術館まで出かけてみるのもいいでしょう。絵を堪能したあとは、木漏《こも》れ日を感じながら周辺を散歩して、心地よいテラスレストランなどがあれば、そこで、食事を楽しむのも素敵です。美しい芸術や自然の風景を眺めることで、心が洗われ、豊かな感動と心地よさを味わえます。

また気軽に行ける日帰り旅行もおすすめです。

友人や恋人と一緒に出かけるのではなく、自分ひとりで感性の赴《おもむ》くままに行動するのも、人生の新しい発見につながります。

そのときに、「絶対に○○でなければダメ」と決めつけてしまうのは、エレガントではありません。

たとえばガーデニングを学びたいと思ったときに、「絶対にイギリスでなくてはダメ」といっても、すぐに行動できるものではありませんし、行動できなければ意味がありません。それよりも、身近でガーデニングに触れられるところを見つけて、楽しむほうが可能性は広がります。

本物を味わうには、まず自分の心に余裕があることが大切なのです。

旅行のいいところは、旅先でいろいろな発見があるだけでなく、日常とは違う場所に身をおくことで、いつもの生活が新鮮に感じられる点です。休日の小旅行はおすすめです。

6章

自己管理の時間

――気持ちを上手に整理する

1

「今、自分が持っているもの」に目を向ける

過去の失敗から学ぶことは大事ですが、それは、過ぎたことを「ああでもない、こうでもない」と、いつまでも考えつづけることとは違います。

過ぎたことをくよくよ考えるのは、人生の無駄です。いちいち反省などしなくても、失敗したことは簡単に忘れられるものではないからです。

次に同じような状況になったときに、「確かあのとき、こういうことがあったわ」と必ず過去の失敗を思い出します。

痛い思いは、無意識のうちに心に刻み込まれるもの。ですから、過去の嫌なことをあえて蒸し返して、自ら落ち込む必要はありません。

むしろ失敗の中にひとつでも叶ったことがあったらそのことを喜ぶべきです。
何ごともそうですが、失ったものではなく、手もとに残ったものを見て、「ありがとう」と感謝できる自分になることです。
ささやかなことを喜び、感謝できるようになれば、心は豊かになります。それが内面のエレガンスにつながっていきます。

ときには人から嫌なことをいわれたり、思いが報われないと感じたりすることも、もちろんあります。そんなときこそ、たったひとつでも「自分をほめられる場所」を探します。欠点を数えることをやめ、「私はここがいい」という部分を見つけるのです。それがあなたの個性をつくり、あなたを輝かせます。ぜひ、自分の持っているものに目を向け、自分のよさを自分で伸ばせるようになってください。

2

人生を豊かにする「お金の使い方」

お金を上手に使えることはひとつの才能です。
必要でないものに浪費したり、逆に必要以上に倹約したり、そのどちらもエレガントではありません。

お金の使い方を考えることは、自分の生き方を見つめ直す意味でもとても重要です。あなたは自分の身の丈《たけ》に合ったお金の使い方ができていますか？
生きる最低限の備えはしつつ、自分を磨いたり、高めたり、喜ばせたりするためにお金を使うことも必要です。倹約ばかりで、今の自分が心地よくなければ、本末転倒です。

お金は自分が幸せになるために使うものです。

そういう意味では、自分のためだけでなく、人のためにお金を使えることも大切です。たとえば、お給料が入ったら、両親にごちそうしたりプレゼントしたりするのも素敵です。

相手の喜ぶ姿を見ると、自分自身もうれしくなります。

つまり、人のために使ったお金で、自分も幸せになるのですから、結果的に、自分の幸せにつながるお金の使い方といえるでしょう。

もちろん、人のために使うお金もまた、余裕のある中から出してこそ生きます。見栄《みえ》を張るために無理をすると、誰の幸せにもつながりません。

このように、エレガントなお金の使い方をできるかできないかが、その人の価値を決めます。

とくに気をつけたいのが、人とのおつき合いの中での使い方です。

たとえば、人から食事に誘われると、「ごちそうしてもらって当然」とばかりに、財布を決して出そうとしない人がいます。

たとえ、相手が本当にごちそうするつもりであっても、「自分の分は自分で支払う」という意識は持っているべきです。

そこで、「では、割り勘でね」となれば、「おいしいものを食べるのも自分へのいい投資」と考え、喜んでお金を出すぐらいの余裕は必要です。

「ごちそうになる」立場というのは、受け身であり、なにかと窮屈です。窮屈な思いをしてごちそうになるより、割り勘で、気の合う仲間と楽しく食事をしたほうが、はるかに充実した時間を過ごせます。

人生は一瞬、一瞬の積み重ねですから、輝く時間を過ごすことにお金を投資すべきです。

「ごちそうになる」よりも、むしろ「ごちそうする」側に、「与えられる」よりも、「与える」側になれたら、素敵です。

うまくいっているときほど、お金の使い方には気をつけたいもの。頑張ったご褒美として使ってしまうのではなく、次のチャンスのための元手なのだと考えて気を引き締めましょう。そうすれば、つまずくことなく、いい流れを次々と呼び寄せることができます。

反対に、流れが滞っているときは、払うべき人生の授業料を払っていないのかもしれません。そのときの自分に見合った授業料を払い、経験と体験を積んでください。そのすべてが、あなたを高めるもとになります。

3

いいエネルギーは「指の先」から

爪先は、エネルギーが出入りする大切なポイントです。

「気」や「運」などのエネルギーは、ここを通して入ってきます。

そのため、ネイルアートなどで爪を覆うことは、そのエネルギーの入り口をふさいでしまうことになります。いいエネルギーが入ってこないとパワー不足になりますし、「いい気」や「幸運」も、はじき返してしまうことになります。

基本的に爪はほどほどの長さで切り揃え、ナチュラルに保つのが一番です。

私は爪の手入れをする時間が大好きです。爪の先はまさに「小さなエレガンス」なのです。

爪の手入れには、切れ味のシャープな爪切りを使います。パチッ、パチッという歯切れのよい音とともに爪先がきれいに切り揃えられていく様《さま》は、とても気持ちのいいものです。


人工的な美しさは、ナチュラルな美しさにはかないません。

透明感のある美しい素肌。

輝く白い歯。

艶やかな黒髪。

自然な桜色の爪。

こうした自然な美しさを自ら引き出して、丁寧に磨き、輝かせること。

ネイルアートで飾り立てた爪と、自然な形に美しく切り揃えられた爪とどちらがエレガントかはいうまでもありません。

爪先から余計なものを削ぎ落とせば、それまで滞っていたエネルギーも流れはじめます。

爪先からはじまるエレガンス。この小さなポイントに、大きな開運のきっかけが潜んでいるのです。

爪の根元の白い爪半月《そうはんげつ》は、健康のバロメーターといわれます。身体の変化にいち早く気づけるのも、ナチュラルな姿を保っていればこそ。自分の身体が送るどんな小さなサインも見落とさないように、自分をよく観察していきましょう。

4 もっとも大切なのは「健康であること」

「エレガントな女性の条件とは？」

こう聞かれたら、あなたなら、どのように答えますか？

優雅に装うこと。

ものごしや言葉遣いが上品で洗練されていること。

まわりの人に優しい気遣いができること。

確かに、すべて正解です。

けれど、それ以前に大切なのは、**実は「健康であること」**です。

身のまわりのことに気を配るにも、友人との会話を穏やかに楽しむにも、エネルギーが必要です。電話に出るだけでも、エネルギーがあふれているときは声のハリが違います。

ところが、体調がすぐれなかったりすると、身体は治癒のためにエネルギーを優先的にまわします。そのため、パワー不足に陥って気持ちにも余裕がなくなり、足取りが重くなったり、人に笑顔を向けることすらおっくうになったりしてしまいます。

美しく生きるには、一日24時間、いいエネルギーを保ちつづけなくてはいけません。それには「健康」であることが絶対条件です。「エレガンス」は、その上に成り立つものです。

健康の源は、やはり毎日の生活。いい睡眠をとり、正しい食生活を続けることが、健康の基本です。

要するに、自分の身体と向き合う丁寧な生活を送っていれば、いつも健康で、そこからさらに余裕が生まれてよりエレガントでいられる、という好循環が生まれるということです。

私は、20年前よりも今のほうが体調もよく、より健康であると断言できます。年齢が上がって体力は落ちたと感じることはあっても、そのぶん、ますます「エレガンス」を意識して、自分を大事にしているからです。

自分に対して決して手を抜かず、つねにいいパワーが循環している状態をつくっているのです。

健康だからこそ、人を受け入れる余裕がある。人に与える余裕もある。どんなことがあっても、笑って受けとめることができるのです。

それが、年を重ねるほどに、「今が一番楽しい」と思える秘訣なのです。

つねに「エレガントな自分」でいられる心地よさが、さらにチャンスを引き寄せ、それを確実につかむパワーを生み出します。

5 「ストレス」と無縁になる方法

「ストレスのない人はいない」

しばしば耳にする言葉です。

ですが、少なくとも私に、ストレスがたまることはありません。

考えてみてください。「ああ、幸せ」という瞬間に、ストレスを感じる人がいるでしょうか。日々自分に心地いいことだけをして、楽しく輝いて生きていたら、ストレスなどたまるはずがないのです。

そもそもストレスのもとは、自分の心の中にあります。心の弱さや自信のなさから、ストレスは生まれるのです。

自分に自信のある人は、ささいなことで動じません。つねに「自分の今のレベル」を客観的に見つめ、「これから目指すところ」を見据えて、前向きに生きています。

ところが、自分に自信のない人は、何かにつけて「あのとき、ああすればよかった」「人からもっとよく思われたい」などと、くよくよと考えます。

そして、「もっとよく思われたい」「もっとこうなりたい」という理想と、現実の自分とのあいだにギャップが生まれ、ストレスが生じるのです。

自信とは誰かがつけてくれるものではありません。**自分でつけるしかないのです。**それには、人と同じことをしても、うまくいきません。

自分に自信をつけるには「自分というブランド」をどうつくるかです。

たとえば、仕事で「1週間以内に仕上げてください」と依頼されたとしたら、あなたはどうするでしょうか。

これを当たり前に1週間かけて仕上げるのではなく、次の日にはすぐに提出する。また、「締め切りは明日です」といわれたら、その日のうちに仕上げて提出する——。

ほかの人たちがいわれた通りにやっている中で、あなただけがそういった仕事をしたとしたら、相手はどう思うでしょうか。

きっと、誰よりも印象に残るに違いありません。

その積み重ねが、「自分というブランド」をつくり、自信につながっていくのです。


眉間にシワが寄りそうなときは、自分で意識して表情を変えましょう。シワを寄せているだけで、脳の血流が悪くなったり、イライラしたり、嫌なことが忘れられなかったり……と、いいことがありません。自分を汚くするだけです。

指で眉間をほぐしながら、「いいことを考えよう」と思ってみてください。

音楽でも、映像でもなんでもいいのです。良質な睡眠にはいい枕が必要なように、いい人生には自分の心を最高にいたわるものが必要です。

6 「頑張らない自分」も大切にする

「エレガンスの一番の条件は健康」というお話をしましたが、体調管理は自分自身の責任です。

よく風邪をひいたりして、体の不調を感じることが多いという人は普段の生活に手を抜いている証拠です。スムーズな人生を送っている人の多くは、心身からのメッセージを大切に受けとめて、ひどくなる前に対処しています。

私自身は、心身ともに疲れがたまっているなと感じたら、ゆっくりと時間をかけてお風呂に入ります。電灯は消してキャンドルを灯《とも》してみたり、好きな香りの入浴剤をいくつかミックスして自分だけのオリジナルをつくり、いつもとは違うバスタイムを演出したりします。身体が温まって血液の循環がよくなると、全身のコリがほぐれ、疲れがやわらぎ、気分もよくなります。

お風呂から上がったら、お気に入りのルームウエアに袖を通します。こういうときのために、肌ざわりのいい上質なコットンやシルク素材のルームウエアなどを用意しておくといいでしょう。

普段からしっかりと自己管理をしていても、ひどく疲れることはあります。そのようなときは、ひたすら眠るのがもっとも効果的です。いい睡眠をとるには、きちんと環境を整えて眠るのが一番ですが、30分ほどソファでウトウトするだけでも疲れはとれ、とてもすっきりします。

疲れたときは、**自分の身体の欲するままに一日を過ごす。**そうすると、疲れはスーッと抜けていきます。

普段しっかり頑張っているからこそ、頑張らない自分も大切にする。

自分に対して「今日は頑張らなくていいのよ」という一日をつくることも大切です。

努力はすべきですが、それは、「美しく生きること」が目的です。頑張りすぎてつらくなったり、体調を崩してしまったりしたのでは、意味がありません。

よく眠っても気分が晴れないようなときは、あらためて自分を見つめ直してみましょう。もし、そこに、がむしゃらな自分、無理をしている自分がいたら、努力の方向が間違っているのかもしれません。

心身から届くメッセージにしっかり耳を傾けること。高すぎるハードルを無理に越えようとしていませんか？　余裕が持てたときに初めてそのハードルは越えられるのです。

7

感動や経験は「一生なくならない財産」

魅力的な会話も魅力的な人柄も、その人がそれまで何を見て何を感じてきたかという「経験」から生まれるものです。

私は20代半ばくらいのときに、憧れていたドーヴィルの美しい海辺の風景を見るために、北フランスへ旅に出ました。高級リゾート地のドーヴィルは、バカンスシーズンになると社交界の中心地となります。海辺には、木組みの長い遊歩道があり、優雅に散歩を楽しむマダムや、乗馬の練習をする紳士などでにぎわっています。

ホテルの窓から見えるその光景は、雑誌やテレビなどで見た、エレガントで華やかな世界そのまま。まだ若かった私は、夢心地でドーヴィルでの時間を過ごしました。

バカンスを終えたとき、私のトランクにはブランドのバッグひとつ入ってはいませんでしたが、代わりに実際に自分の目で見たたくさんの映像を心に詰めて、日本に帰りました。それは私だけの大切な宝物、誇れる財産です。

自分から能動的に感動を吸収しにいくことは、決してなくならない財産を増やしていくことです。自分からそのような経験を求めるのに最適なのは「旅」です。わざわざ海外に出かけなくても、今の日本は、さまざまな「外国」を味わうことができます。

美術館に行けば海外の有名な画家の絵を見られますし、小さな美術品でも素晴らしい作品が展示されています。

絵画や美術品だけでなく、日本国内には、まだまだ知らないところがたくさんあります。
「自分は何に興味があるのか」「何を見たいのか」と、自分自身と向き合う時間を持つことは、内面を磨き、高めていく上で、とても大事です。
その一歩が、一生をかけて楽しむ長い旅へとつながるかもしれないのです。

……………………

国際化が進みボーダーレスの時代といわれる現代では、海外に見聞を広めに行くより、むしろ、日本について学び、知識を深める旅こそ必要かもしれません。

……………………

8

手書きの手紙やハガキで心を伝える

最近は、仕事でもプライベートでも電子メールやダイレクトメッセージなどで連絡をとる人が増えています。

急ぎの連絡には便利ですが、季節の挨拶や礼状のように、相手を思う気持ちを伝えたいときには、やはり**手書きの温もり**がふさわしいものです。

長い文章を考えるのが苦手なら、絵ハガキでもかまいません。

また、特別なことがなくても、カフェでひとり、お茶を飲んでいるときに、ふと友人の顔が浮かんだら、さっと絵ハガキを取り出して、2、3行したためるというのでもいいのです。

「六月十日の雨上がりの午後です。アジサイの花がキラキラと美しく光っています。その輝きの中に、ふとあなたの顔が浮かびました。お元気ですか。またお会いしましょう」

受けとった美しい絵ハガキに、そのような温かいひと言が添えられていたら、きっと誰もがうれしく感じるでしょう。

素直な気持ちを送るには、思いついたときに、サラリと書くのがエレガント。時間が経ち、気持ちが褪《あ》せてから「さあ、書こう」と思うと、途端におっくうになります。

外出中のふとした瞬間などに、サッと書けるよう、バッグの中に絵ハガキと切手を入れておくと便利です。

私は、美術館に行くと、必ずミュージアムショップに立ち寄って、名画のポストカードを購入します。すると、素敵なポストカードを見ているうちに、ふと友人の顔が浮かび、一筆書いて送りたくなったりします。

そんなときは、併設のカフェテラスで、「この絵から、あの人の顔が浮かんだのはなぜかしら」などと楽しく考えながら、絵ハガキにサラサラッとペンを走らせます。

そこには、幸せに満ちた優雅な時間が流れ、自分がとても心地いいのです。

一枚の手書きのハガキから〝香り立つエレガント〟が生まれます。素直な心のままを文字にする。それが一番美しい言葉だということを忘れないでください。

9

「本当に必要なもの」だけを選ぶ

ものも友達も、たくさん持っているほど、人生は楽しく豊かになる。

そのように考え、あれも必要、これもあったら便利、あの人ともこの人とも仲良くしたいと、人生に「イエス」を増やそうとする人は多いものです。

ですが、その先に待っているのは――。


身のまわりにものがあふれて片づけられず、いつも探しものをしている。

友達はたくさんいるけど、いざというときに頼れる人がいない。

充実するどころか、かえって不便で不満の多いストレスでいっぱいの人生だったりするのです。

本当に心地よい人生とは、**自分にとって必要なものだけに囲まれていること。**
それは、裏を返せば、不要なもの、不快なもの、心地悪いものは、すべて切り捨てた潔い人生ということです。

ですから、まず、増やす前に見極めること。
そして、持っているものはときどき見直し、不要になったら捨てること。

つまり、「イエス」より「ノー」を重視して、今の自分にとっての「ノー」を、**人生からつねに切り捨てていくのです。**

そのような視点から、身のまわりや人間関係を見つめ直してみてると、「イエス」に見えて、実は「ノー」というものや人が、結構あるのではありませんか？
そのように考えてみると、かつてのお気に入りも、「今の自分」には必要ないものかもしれません。

そのように感じるものは、すべて切り捨ててしまいましょう。

気持ちの切りかえに時間がかかり、いつまでもグズグズ迷ったり、くよくよと引きずったりするタイプの人は、それだけで人生、損をしています。気持ちをスパッと切りかえ、捨てたもののことは潔く忘れる。それができれば、人生ははるかに楽しく、輝くものになります。

10

「自信が持てないとき」は、自分が変わるチャンス

積み上げてきたキャリアや経験にふさわしいだけの自信が備わっていないと、仕事に慣れてきた頃に現われる余裕は、「ゆとり」ではなく、「心の隙間」になってしまいます。

そのようなとき、同僚がテキパキと仕事をこなして上司や先輩から高く評価されるとうらやましく思い、「それに比べて私は」と自分に不満を感じ、ますます自信をなくすという悪循環に陥ります。

この負のスパイラルはやっかいです。そこから抜け出すには、「人と比べるのをやめる」、これしかありません。

人を見る暇があったら、自分自身を見つめましょう。

今の自分に疑問を感じるのは、とてもいいことです。それは、自分への気づきになるからです。

ただし、そこから変わろうとしなければ、いつまでもたっても同じポジションで、同じ不満を抱えたまま、状況が変わることは決してありません。

立ち止まらずに前に進まなければ、どこにも行きつけません。

まず大切なのは、自分の方向性を決めることです。

そして失敗を恐れないこと。失敗を恐れるから不安が生じ、心に隙間をつくってしまうのです。ならば徹底的に失敗にも立ち向かっていけばいいわけです。

失敗しても、それをくよくよ考えるのではなく、踏み台にして「こういうことが起きたのなら、次は絶対にこうしてみよう」と方向性を変えてみる。

失敗を恐れて挑戦しないよりも、失敗を重ねて自分を磨くことは、必ず人を輝かせます。

失敗も、脳の活性化にはいいものです。ときには徹底的に失敗と向き合ってみると、はっきりとした自分の方向性が見えてきます。

11

人に「望まれる女性」になる方法

同じ人生でも「人に望む」より「人に望まれる」人生を生きるべきです。

人に望まれる存在でいるためには、普段から自分自身に対して手を抜かず、磨きつづけておくこと。また、人に媚《こ》びず、ありのままの自分の目線で相手と向き合うことも大切です。

そしてもっとも重要なのは「つき合う人を徹底して見極める」ことです。

自分は望まないような相手、むしろ嫌だと感じるような相手と、無理をして一緒にいてもエネルギーを浪費するだけです。

それで疲れてパワーダウンしてしまったら、本当に会いたい人に会うときに、あなたの魅力を最大限に伝えられなくなってしまうかもしれません。

幸せになるためには、パワーが必要です。

チャンスは訪れた瞬間に、自分の手でつかみとる必要があるからです。

神様はすべての人に平等にチャンスを与えてくれますが、それをつかみとるエネルギーを持っている人だけが、「運のいい人」になれるのです。

普段の生活を疎かにしていたりして自分に手を抜いていると、最大のチャンスがやってきていることにも気づけないかもしれません。

だからこそ、パワーのない人には近づかない。

自分のエネルギーを浪費する場所へは行かない。

この2つを徹底することが大切です。

そして、見境なく自分を売り込むのではなく、ときには一歩下がって、本当に大切な人・もの・場所を見極める目を持つ。

そうすると、自分自身のパワーはますます高まり、いつまでも「望まれる女性」でありつづけることができるのです。

余計なものは潔く切り捨て、時間とともに熟成して香り高くなっていくワインのように、年を重ねるほどに充実して、豊かになっていく。理想的な生き方です。

7章

自分磨きの時間——たたずまいの美しい人は何が違う?

1

まず「見た目」を変えてみる

いつも清潔で自分に似合うファッションに身を包んでいる女性は、**内側から光を放《はな》っています。**

光を放つということは、どのような相手にも好印象を与えるということです。

自分の身なりを整えることにしっかりと気を遣いましょう。

まずは今、自分がどのような格好をしているか、外見をチェックしてください。

くたびれた靴を履《は》いていたり、角《かど》がすりきれたバッグを使っていたりしていませんか。あるいは、数カ月美容院に行っていないなどということはありませんか。

くり返しになりますが、人は見た目が大事です。

このことを、しっかりと心に刻み込んでください。

そして、自分をきれいに見せる努力をすることです。


バッグや靴を新調する。

ヘアスタイルをガラリと変えてみる。

メガネを新しいスタイルのものに変える。


性格や考え方を変えるのは難しくても、持ちものや髪型ならすぐに変えることができます。ヘアスタイルが変わると、身につける洋服やアクセサリー、メイクも変えたくなります。

それだけでも、大きなイメージチェンジです。

見た目をリフレッシュすることで、まわりに与える印象だけでなく、自分自身も新しく生まれ変わったように感じます。

自分の好きなファッションばかりを追い求めていると、本当に自分に似合うファッションを遠ざけることにもなります。逆に遠ざけてきた色やファッションに挑戦することで、思わぬ発見があるかもしれません。

2

バッグは小さいほうがエレガント

あなたはバッグを購入するときに、何を基準に選んでいますか？　まず中に何をどれくらい入れるかを考えて、それらがすべて入るものを選んでいませんか？

とくにビジネスバッグの場合、そのような選び方をする人が多いようです。けれど、ビジネスバッグといえども、持てばファッションの一部になります。購入する際に、お店の等身大の鏡の前で、バッグを持って全身のバランスをチェックすることを忘れてはいけません。

そのとき、自分でいいと思ったバッグより、ワンサイズ小さめのものを選ぶことをおすすめします。

バッグは小さいほどエレガントです。

働く女性の多くは「A4サイズの資料が入るくらいの大きさがないと不便」と感じるかもしれませんが、本当に必要な資料だけをB5サイズに縮小コピーすることもできますし、A4サイズをコンパクトに収納するファイルもあります。メモを取るノートなども小さいものを選べばいいでしょう。工夫次第でいくらでも方法はあるはずです。

そもそも、今あなたのバッグに入っているものすべてを持ち歩く必要があるのでしょうか。そこから、検討し直してみることです。

「これもあったほうが安心、心配だからこちらも入れておこう」と詰め込んでいる人がいますが、スマートではありません。

仕事のできる女性たちは、本当に必要なものがわかっているので、余計なものを持ちません。当然、小ぶりのバッグで、軽やかに、颯爽と仕事をしています。

バッグの中身は、その人自身を表わします。

「必要かどうかわからないけど、とりあえず」というものがたくさん入っている人は、自分自身の考え方や軸もはっきりと定まっていないのです。

バッグの中身はあなたの心。バッグが小さく、中身がすっきりと整理されていくにつれて、あなた自身もスマートに磨かれていきます。

3 日常使うものほど、上質なものを

今よりワンランク上の女性を目指すのなら、普段使いのものにこそ、こだわりを持つべきです。

仕事を持つ女性なら手帳やペンは質のいいものを使いましょう。


手帳はスケジュールを書き込んだり、思いついたことをちょっとメモしたり、一日に何度も取り出しては、手に触れるもの。

だからこそ、取り出すたび、触れるたびに心地いいと感じられる――そういう上質なものを選びます。

ペンも指先をエレガントに演出してくれる素敵な小道具であるべきです。仕事の打ち合わせなどで、安手のボールペンやシャープペンシルを使っている人をあなたはどう思いますか？　ペンも上質で書きやすいものを、こだわって選び抜いてください。

手帳にしろペンにしろ、上質な小物は、使いながら毎日磨くことで、いい艶が出てきます。使うほどに輝きを増すようになるのです。

ほかにも名刺入れやメモ帳、さらには手鏡や傘なども、使うほどに輝きを増していきます。

このようにいうと、「手帳やペンを毎日磨くのですか？」と驚く声が聞こえてきそうですね。

自分の持ち物を大切にして、手間をかけてケアをするのは、とても大事なことです。優しく磨きながら「今日も一日ご苦労さま」と小物たちと過ごす時間。それは自分自身と向き合う時間でもあります。
愛用の小物を丁寧に磨くことは、自分自身を磨くことにほかなりません。

普段使いのものにこだわって、大切に扱い、長く愛用する。毎日使うものだからこそ、上質のものがもたらす心地よさを、本当に理解することができます。その感覚があなたの中に刻まれ、やがて生き方のスタイルとなります。

4 たとえば、家でひとりのときでも……

その人の印象は出会ってわずか3秒で決まります。

そのとき、「普段の私はこうではありません」「いつもは、もう少しきちんとした格好をしています」といい訳をしても、相手の心には最初の印象が焼きついてしまいます。

「いつ、どこで、誰に見られても恥ずかしくない自分」をつねに心がけること。

それが美しく生きるということです。

質のいい清潔なものを、きちんと身につけているのはもちろんのこと、人が見ていないところでも手を抜かない姿勢が大事です。

普段の生活がだらしないと、必ず見た目に表われます。

私は、家にひとりでいるときも、必ず髪をきちんと整え、清潔感のあるルームウエアに袖を通します。

さらに、玄関ロビーに新聞などを取りに出るときは首もとにふわりとスカーフを巻いたりアレンジをして楽しみます。

人が見ているかいないかではなく、私にとっては、自分が心地いいと感じるか感じないかが一番大切なのです。

だからこそ、家でひとりのときも決して自分に手を抜きません。

あなたは家でどのように過ごしていますか?

家の中にはいつもフレッシュなエネルギーが満ちている、そういうきちんとした生活を普段から送っていてこそ、「いつ、どこで、誰に見られても恥ずかしくない自分」になれるのです。それには、日常を丁寧に生きることを積み重ねるしかありません。

部屋が散らかっているのなら、片づけましょう。ルームウエアがくたびれていれば、新しいものに取りかえましょう。

身のまわりをひとつずつきれいに、美しくしていくことで、背筋が自然に伸び、あなたの生きる姿勢も美しく変わります。

生きる姿勢の美しい人は、ひと目で相手の記憶に残る女性になります。

---

5 背中に「天使の羽」をイメージする

あなたは**自分の「後ろ姿《うし》」**に自信がありますか？

前から見られることは意識しているのに、後ろから見られることには無頓着な人が多いようです。

前の項目で、「いつ、どこで、誰に見られても恥ずかしくない自分になる」というお話をしましたが、「360度どこから見られても平気」でいるには、後ろ姿を意識することも忘れてはいけません。

「何かを背負って生きる」といいますが、**その人の生き方や心のありようは、後ろ姿に表われます。**たとえば、物事がうまくいっていてやる気のあるときは、自然と背筋がまっすぐ伸びて胸を張り、意気揚々として足取りも軽くなります。

反対に、気落ちしたり疲れていたりするときは、肩が落ちて背中が丸まり、視線も下がってしまいます。背中を丸めた姿勢でいると、それだけで、まわりからはどこか覇気のない「疲れた女」に見られます。

そのような後ろ姿では、人も運も遠ざかってしまいます。

さあ、背筋をピンと伸ばしましょう。

「人生に向かう姿勢」そのものが、気持ちよく前に向くはずです。

「きれいに背筋を伸ばす」ということを意識するためには、「背中に天使の羽がはえている」とイメージしてみてください。

肩甲骨《けんこうこつ》を2枚の羽と思い、その羽を重ね合わせるように、左右の肩甲骨をぐっと近づけます。すると、自然に胸が開きます。

誰もが「天使の羽」を持っているのです。「姿勢をよくしなくては」と思うより、「そうだ、天使の羽」と心の中で唱えてあごを上げましょう。

遊び心を発揮して、楽しみながら続けられます。

普段から姿勢をよくしていると、それが当たり前になって、背中を丸めただらしない姿勢がむしろ苦痛になります。

いつも背筋に「気」のこもった、たたずまいの美しい人は、それだけで、いきいきと輝いて見えます。

人が大勢いる中でも、後ろ姿を見ただけで、「あなた」だとわかる。

そのくらい、たたずまいの美しい人になれたら、最高です。

意識して姿勢をよくしていると、骨も筋肉もいい姿勢を保つよう鍛えられるので、ボディラインが整えられ、スタイルも美しくなります。姿勢がよくなると、すべてがいい方向に進みます。

6

「美しい言葉」を意識して使う

「言葉」はその人をつくります。

内面を磨けば美しい言葉があふれてきますし、美しい言葉遣いを日頃から心がけることで、内面を磨くことにつながります。

いい大人の女性の口から、学生のあいだで流行《はや》っているような乱れた言葉が飛び出すと、途端にイメージが崩れて、がっかりします。

あらたまった場所や目上の相手に対して気をつけていたとしても、ふとしたときに普段使っている「言葉」はこぼれてしまうものです。

ぜひ、日頃から自分が使っている言葉に意識を向けてください。

そのためには、なにより群れないこと。上質な友人を持ち、ひとりの時間の中で自分を見つめ直すことです。

誰かとすれ違いざまに身体が触れたら「ごめんなさい」、オフィスを出るときには「お疲れさまでした」というように、感謝や思いやり、いたわりの言葉をきちんとかけているでしょうか。

下を向いたまま、目も合わせずにおざなりになっていないでしょうか。

せっかくきれいな言葉を使うのですから、明るくはっきりと伝えましょう。ハリと透明感のある声は、若々しい印象を与えます。

相手と面と向かっているときはもちろんのこと、電話口で声のトーンにまで気を配ることができているでしょうか。

心を込めて「お世話になっております」「お疲れさまでございます」というだけで、相手の気持ちがほぐれて仕事がうまく進んだり、こんな人と一緒に仕事がしたい、と思われたりすることになるかもしれません。

チャンスをつかめる運のいい人は、このように何気ないところまで手を抜かない人なのです。

ぜひ、意識してみてください。


エレガンスは余裕の中に生まれます。相手から何をいわれたとしても、いつでも美しい言葉遣いで受け答えができる。会話ではそんな余裕のある人のほうが優位に立てるものです。

7

「また会いたい」と思われる女性の秘密

「でも」「だって」という言葉が口癖になっている人がいます。

このようなネガティブな言葉が会話の中で増えていくと、自分のパワーを減らします。ですから、どんなときでもまずは「その考え方は素敵ね」「そういう気持ち、わかるわ」と、**相手を丸ごと受け入れる優しい言葉**を使いましょう。

これは自分に余裕があるからできること。反対にいえば、そういった優しい言葉を使ううちに、自分の中に余裕が生まれてきます。

そして、自分の意見は「私ならこうすると思うのだけど、どう思う？」「そう、それもあるわね。では、こういう考え方はどうかしら？」と、クエスチョンマークをつけて相手に投げかけます。

そのような言葉を使いつづけると、必ず相手の心がほぐれて、素直に耳を傾けてくれるようになるものです。あなたが選ぶ言葉ひとつで、本当に心地いい関係を築くことができるようにもなります。

美しい言葉を使い、いつでも心に余裕を持つことで、誰と話をしても会話が弾む、別れたあとには「またあの人に会いたい」と思われる女性になることができるのです。

すぐに相手に反論したくなったり、いい訳めいたことがいいたくなったりするのは、自分に自信がない証拠。「近頃、『でも』『だって』が増えているな」と感じる人は、まずは相手の話を最後まで聞くことを心がけてください。それを続けるうちに、冷静に物事を判断できるようになります。自分をしっかりと見つめ、受けとめることで自信を取り戻すことができるでしょう。

8章

エレガントを育む時間——

日々の習慣があなたを変える

1
「丁寧に生きる」と、太らない

エレガントに生きることを意識した生活をはじめると、ダイエットは必要なくなります。それどころか、**自分を心地よくする生き方を実践すれば、それだけで美しくなれるのです。**

エレガントに生きるとは、ストレスをためないライフスタイルを実践することです。ですから食べすぎることもありません。食べすぎると苦しくて心地よくありませんから、身体は自然に「適量」で満足するようになります。結果、太ることがないのです。

しかも、心地よく暮らすことを心がけていれば、こまめに掃除をするようになります。

椅子などを移動させながら掃除機をかけ、ぞうきんで床を拭き、窓を拭くために伸び上がり、バケツを持って移動し、ふとんをベランダまで運んで干して……というように、掃除には、筋力トレーニングとストレッチを組み合わせた最高のエクササイズ効果があります。

このような生活をしていれば、わざわざジムやエステティックサロンなどに通わなくても、身体は自然に引き締まり、バランスよく整っていきます。

これが、自分を心地よくきれいにしようという意識にもつながり、日常生活のあらゆることが、自然に自分磨きにつながっていくのです。


ドイツ人は〝キッチンこそ生活の鏡〟といいます。マダムたちは磨き込まれたキッチンを誇りにし、そこから心豊かな楽しい生活を生み出しています。まさに、エレガントな生活のお手本といえます。

2

「教えていただけますか」のひと言がいえますか？

「プライドが許さない」という言葉を口にする人がいます。

けれど、そのようなプライドは捨てるべき「つまらないプライド」です。

プライドを気にする人は、要するに見栄っぱりなのです。

それを「プライド（誇り）」という耳ざわりのいい言葉に変えて、自分を納得させているにすぎません。

夫やおつきあいしている人に「自分の母親の手料理がおいしい」といわれて、「プライドが傷つけられたわ」という女性がいます。

ですが、冷静に考えれば、子どもの頃から食べ慣れてきた味をおいしく感じるのは当然のことです。本当にプライドがあるなら、むしろ「ぜひ今度教えていただこう」という心が芽生えるはずです。

職場で個人の仕事以外の雑務を頼まれるのが嫌という人も同じです。プライドがあるならば、自分にしかできない仕事をしようと、書類の端をきちんと揃えたり、使いやすいように書類ごとにクリップでとめて必要な場所に付箋をたてたり、さまざまな工夫と努力をするものです。

本物のプライドとは、「優しさ」や「余裕」から生まれるものです。また、知らないことを「知らない」といえる勇気のことです。

つまらないプライドで自分をがんじがらめにしていては、大損をします。

本物のプライドを持っている人は、自分のいいところも、悪いところも、よくわかっています。

自分で自分のことを把握できているので、人からとやかくいわれても、簡単に揺らいだりはしません。本物のプライドを持つことで、心に大きなゆとりを持つことができます。

その余裕が、自分をさらに磨いて、高めようとするエネルギーを生みます。

プライドの本当の意味を理解したとき、あなたは誇り高く、輝く女性へと成長しはじめます。

知らないことを恥ずかしいと思ったり、下に見られると考えたりするのは自意識過剰です。わからないことはすぐに聞く。知らないことは勉強する。足りない部分は埋める。それこそが、自分を高めるプライドの持ち方です。

---

3 自分が心から楽しめる「こだわり」を持つ

自分が好きでこだわり抜いたことは、自分自身の個性となって特別な輝きをつくってくれます。

「これだけは、絶対に自信があります」というものがひとつあれば、どんなときでも背筋をピンと伸ばしていられるでしょう。

誰も自信をつけてはくれないのですから、自分で自分に自信をつけてあげること。それには、先にお伝えした、「自分というブランド」をつくることです。

それは、何かの資格をとるというようなことではありません。

日常の積み重ねの中から生まれるものです。

それがファッションでも、料理でも、なんでもかまいません。

硬水や軟水の飲料水を使い分けるなど、日常生活の中のものにこだわりを持つことも素敵です。こだわりすぎてがんじがらめになるのは美しくありませんが、いろいろと試して、自分だけの楽しみを持つということはぜひやっていただきたいと思います。

料理好きな人なら、ワインのうんちくを語るよりも、味噌や醤油にこだわることでもいいのです。「誰よりも上手にアイロンをかけられること」ということもとても素敵です。

ほかの人が料理教室に通《かよ》っているから、自分も料理を習う。友人が最近英語を習いはじめたから、自分もはじめる。そういった行動では、「個性」はつくられません。

自分が心の底から望み、楽しんでやっていることでなければ身につくことはありません。

りませんし、輝きとなってあなたの表情にまで滲《にじ》み出ることはないのです。

私は一時期、意識して流行とは真逆のファッションに挑戦していたことがあります。また、苦手だと思っていたデザインのものを着つづけてみたことも。自分だけのオーダーメイドの内面をつくりたい。そんな思いからしていたことですが、そういったさまざまな工夫が私を成長させ、今につながっています。

人とは違う視点で、自分が心からやってみたいと思うことを楽しむ。あなただけの「色」が、誰の目にも輝いて見える日が必ずやってきます。

内面を磨くのにも「センス」が必要です。このセンスは人と群れていては身につきません。近頃生活がマンネリになっている、と感じるときこそ、今まで避けてきたことや、人とは真逆のことに挑戦してみてください。

普段は着ないような色やデザインの洋服に挑戦してみたり、美術館でも

あえて人のいない場所にある絵画をじっくり鑑賞してみたり。自分の感性だけで絵画を楽しむと、一枚の絵が浮かび上がって見えることもあります。そんなときは、隅のほうにある小さな絵でも、大きなパワーをもらえるのです。ぜひ、「ほかの人にはない視点」で、物事を見る訓練をしてみてください。

4 つねに心地よい空間に身をおく

エレガンスとは、日々の生活から得られる満足感や心の豊かさから生まれるものです。

ですから、その生活の基盤となる自分の部屋を、どのような空間につくり上げるかはとても重要です。

もちろん、**不要なものは捨てて、本当に必要なもの、大切なものだけが置かれたシンプルな部屋**であるべきです。

ここで勘違いしないでいただきたいのは、「シンプル＝何もないこと」ではないということです。

何もない殺風景な部屋で、本当に落ち着けるでしょうか。居心地のよさを感じられるでしょうか。

自分が居心地よく暮らしたいという気持ちは、部屋に対する愛情でもあります。そういう愛情を持って暮らしていると、部屋にはつねにいいエネルギーが流れます。そこにいるだけで、明日また頑張ろうという前向きなパワーが湧いてくるのです。

自分がそこにいて心地よい空間、温もりを感じる部屋をつくりましょう。

家具を置くときも、空間とのバランスだけでなく、どういうサイズのものをどこに置けば、自分が心地よく感じられるかをよく吟味《ぎんみ》してください。

主役は、あくまで自分自身です。そのことを意識して、家具や小物などの大きさや配置を決めていけば、失敗することはありません。

自分の部屋に愛情を持って暮らしていれば、部屋からいいエネルギーをもらえます。それこそが理想的な部屋づくりです。

自分が心地よい空間で、日々丁寧に暮らすことこそエレガントであることを、もう一度肝に銘じてください。


クリスタルの器やペーパーウエート、観葉植物などをおくのはおすすめです。自分を知るバロメーターになるからです。

クリスタルがくもっていたり、観葉植物の元気がなくなったりしていたら、あなたの心に余裕がなくなっている証拠。日頃の生活を見直しましょう。

5 人ではなく、自分自身を見る

あなたは「自分が本当にやりたいこと」がわかっていますか？　それに向かって行動を起こしていますか？

子どもは、自分のやりたいことに忠実に行動します。また、何をして遊びたいのか聞かれたら、すぐに答えることができます。

おもちゃがなければ、何か遊べそうなものを上手に見つけてきます。打てば響くように反応し、賢い知恵も備えています。

あなたも、これまでの人生で多くのものを与えられ、いろいろな場所を訪れ、多くのことを見聞きしてきたはずです。その中には、たとえば、おいしい店も、惹かれるファッションもあったでしょう。自分の中の楽しいものへの価値基準は、すでにできあがっているはずです。

ファッションもレストランも、それが自分にとって心地いいか否かはよくわかっているはずなのに、今の仕事や自分の生活にやりがいや楽しさを見出せないとしたら……。

世の中には、自分のしたいことをしながら、いきいきと輝いている人がたくさんいます。そういう人を見て、うらやましいと感じているのかもしれません。

ですが、そういう人たちは、日々、きちんと自分のやりたいことを見定めて、その方向に進む努力をしてきたのです。

いきいきと輝いている人を見て、ただうらやむのはやめて、相手のポジションに自分をおきかえ、**「自分ならどうするか」**と具体的に考えてみましょう。

それが自分を高めるパワーにもつながります。

たとえば、楽しそうに仕事をしながら活躍している人を見て、「自分もあのようになるにはどうしたらいいのか」と考え、行動を起こすのです。そうして日々自分の心をワクワクさせるように意識しつづければ、確実に今より高いステージに上がっていけるはずです。

いつまでも「自分探し」をしたり、人をうらやんだりするのはエレガントではありません。つねに「自分はどうしたいのか」を意識することが可能性の扉を開きます。

6 すべてが自分自身のための「約束ごと」

私がロンドンのメイフェアに住んでいたときのことです。メイフェアはロンドンでも格式高い地区。私の家から歩いて数分のところにとても居心地のいいレストランを見つけ、ランチタイムによくひとりで訪れていました。

シャンパンとサーモンなどをゆっくりいただきながら、窓から外の景色を眺めたり、食事を楽しんでいるマダムたちのしぐさや装いをさり気なく観察したり、いつもそこでひとりの時間をゆったりと過ごしていました。

そうして、1年ほどが経ち、日本に帰ることになった私は、最後に友人の女性を連れてその店を訪れました。すると、店主が「お連れの方がご一緒なんて、今日は珍しいですね」と話しかけてきたのです。

それまで、出迎えの挨拶やオーダーをとることはあっても、それ以上に話しかけてくることはありませんでした。


私が「日本に帰国することになったので、お世話になった彼女をご招待したの」と答えたところ、彼は私のことをこのようにいいました。

「いつもひとりでいらして、優雅に過ごされている姿が美しくて、こんなに素敵な日本人のレディがいるのかと驚きでした。お客さまがいらっしゃると、店の雰囲気がより華やかになるので、いつもお見えになるのを楽しみにしていたのです。これが最後だなんて本当に残念です。ロンドンにまたいらっしゃるときは、必ずお立ち寄りください」

最高のほめ言葉を店主からいただいたことがうれしくて、今も私の心に残っています。

私自身、自分に厳しく生きてきました。
それは、女性としてつねにエレガントでいるための決めごとであり、さらに、
自分自身が最高に心地よくいるための約束ごとです。
そうした日常を積み重ねることで、エレガントな女性は生み出されると今でも信じながら年を重ねています。

もちろん、私自身も現在進行形です。自分がいつも清らかで、美しくいられるための努力は惜しみません。外見的にも内面的にも自分を磨き、つねに自分の生き方のスタイルに自信を持てるよう努力をしています。女性のエレガンスに終わりはないのです。

7

「日本人ならではの美しさ」を大切に

日本人としての自覚をきちんと持つこと。

それも日本女性のエレガンスのひとつです。

せっかくこの国に生まれて育ってきたのですから、ぜひ「日本人ならではの美しさ」を意識していただきたいと思います。


私自身が「日本人であること」を強く意識するようになった、若い頃のエピソードをお話ししましょう。

20歳を過ぎて間もない頃、パリに滞在していた私は、長いストレートの黒髪にパーマをかけようと、シャンゼリゼの老舗《しにせ》の美容院に行きました。

そこで私を待っていたのは、客として来店していたマダムの「おやめなさい！」というひと言。

「日本女性の美しい黒髪は世界中の人の憧れなのに、パーマをかけるなんてとんでもない」というのです。

その瞬間、まっすぐに伸びた艶やかな黒髪には、日本女性としての誇り、一生輝きつづける美しさの秘訣があるということに気づかされました。


今では、私自身があのときのマダムの年齢に達し、日本の女性に「日本人ならではの美しさ」を伝える立場になりました。

艶やかな黒髪、絹のようにきめ細やかな肌、恥じらいの心……。

日本女性の美をぜひ見つめ直してください。

ありのままの自分の姿を愛して磨きつづけることで、世界中どこにいても輝く、「本物のあなたらしさ」が必ずつくられます。

ボーダーレスの時代だからこそ、自分のルーツを大切にし、誇りを持ちましょう。迷ったとき、自信を失いそうになったとき、心の拠りどころとなり自分をしっかりと支えてくれるはずです。

8 大きな幸せをつかめる人の「考え方」

「ほめられるときは運を逃《のが》す」

「失敗は運をつかむ」

私はよくこのように思います。

人からほめられるとき、調子のいいときは「自分のハードル」を上げることをしなくなってしまいがちです。

失敗して叱られて、「では、どこを変えればいいのか」を考えて初めて、人は成長することができます。

つねに自分にこの「ハードル」を課していく人が、大きな幸せをつかめるのです。

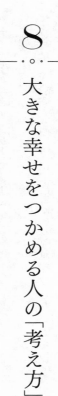

失敗することを恐れて人に判断をゆだね、安全な道を選んではかりいては、いつか成長は止まってしまいます。

そうして、ふと気がつくと、失敗をするたびに試行錯誤して乗り越え、ハードルを上げてきた人たちとのあいだに、大きな差が生まれているのです。

失敗は、その人のパワーを引き出し、大きく成長させます。

「1回の成功より、100回の失敗」

この言葉に大きな幸せのヒントが隠れています。

「夢がない」「やりたいことがわからない」というのは、叱られること、恥をかくことを恐れているから。「ほめられること」だけを求めているからです。

そこにいる限り、成長はありません。

私は、ずいぶん若い頃に、群れから離れ、ひとりでいる訓練をしました。ショッピングをするのも、海外旅行に行くのも、ひとり。

ひとりだからこそ、たくさんのことを見聞きし、学ぶことができました。パリのマダムからは「まだ若いあなたにケリーバッグは似合わない」と叱られたこともあります。

これまで学んだことすべてが、今の私をつくっているのです。「ならば、ケリーバッグが似合う大人の女性になるにはどうすればいいか」と、若いときからずっと自分の頭で考えてきたからです。

ファッションも仕事も、根底は同じです。行動して初めて、自分がやるべきこと、やりたいことが見えてきます。その結果が失敗に終わったとしても、「これこそが幸せのヒント」と考える。人から陰口を叩かれたとしても、自分に後ろめたいところがなければ、「うれしいわ。きっとここに成功のカギがあるのね」と考える。

ここでプラスにとらえるか、マイナスにとらえるかによって、人生は大きく変わるのです。

自分の成長の記録のために、専用のノートをつくるのも素敵です。「今挑戦していること」「失敗したこと」を書いてみる。今は「失敗」に終わっていても、あとから見返したときには「今の私にならできる」ということが見つかるかもしれません。また、「これからやってみたいこと」もぜひ書き込んでください。大きな夢を抱くことも、成長のためには不可欠です。

たとえば「一流のホテルでレディとして扱ってもらえるようなエレガントな女性になる」「一日3回は自分の姿勢をチェックする」でもいいのです。

こうした目標を持って日々を積み重ねることが重要なのです。

9

年を重ねるほど、魅力を増す人

日本では多くの場合、「かわいい」がほめ言葉として使われています。

年代を問わず、洋服や小物を見ては、口を揃えて「かわいい」といいます。

ですが、本書を手にとったあなたには、今日限りでこの言葉から卒業していただきたいのです。

総じて日本女性は「かわいい」ものが好きですが、これはエレガンスからは程遠いものです。「かわいい」が似合うのは、十代まで。

大人の女性ならば、ぜひ**「美しい」生き方**を目指してほしいと思います。

選ぶもの、ファッション、言葉遣い、姿勢。

そのすべてを合わせたときに、「美しい」女性として見られるかどうかです。

また、男女問わず「若く見られること」にこだわる人も多いようですが、私は**「年相応に見られること」**こそ、素敵なことだと思っています。

つまり、〝今の自分〟に誇りを持てる人ほど美しいといえます。

私が憧れたパリのマダムたちには、年相応の貫禄と、どこか愛らしい「かわいげ」がありました。

いくつになっても「愛らしい」「かわいげがある」といわれる人は、なにより も心の持ち方が違います。

「大人の女性」であると同時に、「無垢《むく》な子ども心」も忘れない。

そのためには、「幸せ」「楽しい」「うれしい」「悲しい」といったことを、いつでも全力で味わうことです。

どんなときでも、徹底して手を抜かない。遊びでも、仕事でも、どんな小さなことでも、自分の感情ときちんと向き合って泣いたり笑ったりを積み重ねること。

そうすれば、いくつもの魅力的な表情を持った自分になれるはずです。

色や小物に頼って「かわいい」を演出するのではなく、ぜひ自分の内側から輝く「かわいらしさ」を磨いてください。

いくつになっても人を惹きつけて離さない、あなただけの魅力になるに違いありません。

私たちは誰でも年を重ねるに従って、肌の艶や質感が衰えてくることは避けられません。けれど、その人の生き方や自信から醸《かも》し出される雰囲気は違います。

その人が発している、いきいきとした輝きは、さまざまなことを経験し、キャリアを積み重ねながら、内面も外見も磨きつづけることで備わる「自信」から生まれるものです。

おわりに

本書の中でもお伝えしたことですが、チャンスはすべての人に平等に訪れています。そのチャンスがやってきたときに、すかさず手を伸ばしてつかむだけのパワーを、24時間いつでも身体の中に巡らせていてください。

生まれ育った場所も、環境も、一人ひとり違うように、幸せの形にも個性があります。

ですから、他人と比べる必要はないのです。自分がつねに心地よくいられる、あなたの「幸せ」を手に入れることを目指してください。

そのために、まず自分自身が美しく生きることを意識すること。
自分を慈しむこと。
毎日を丁寧に暮らすこと。
「本物の幸せ」は、その余裕の中から生まれるのです。

浅野裕子

本書は、小社より刊行された単行本を文庫化にあたり、加筆・改筆・再編集したものです。

浅野裕子（あさの・ひろこ）
静岡県生まれ。作詞家として活躍後、作家活動に入る。女性がよりエレガントに美しく生きるために——ファッションから生き方まで数多くのエッセイを手がけ、厳しい中にも愛ある姿勢が貫かれた主張は多くの女性に支持されている。
主な著書に、ベストセラーとなった『一週間で女《じぶん》を磨く本』『いつもうまくいく女性はシンプルに生きる』（以上、三笠書房《知的生きかた文庫》）など多数がある。

知的生きかた文庫

「美《うつく》しく生《い》きる人《ひと》」
一日《いちにち》24時《じ》間《かん》の時《じ》間割《かんわり》

著者　浅野《あさの》裕子《ひろこ》
発行者　押鐘太陽
発行所　株式会社三笠書房
〒一〇二-〇〇七二　東京都千代田区飯田橋三-三-一
電話〇三-五二二六-五七三四〈営業部〉
〇三-五二二六-五七三一〈編集部〉
https://www.mikasashobo.co.jp
印刷　誠宏印刷
製本　若林製本工場

ISBN978-4-8379-8819-9 C0130

C20044